¡Vaya mierda de libro!
Debería hacerme
youtuber

Chiquitita_63

ISBN: 9781075596971

Imágenes wikimedia commons;

pixabay.com

Publicación independiente

Chiquitita dime por qué.

Torremolinos 63

Venga, pues empezamos y como tal debería hacerlo con una introducción que seguidamente paso a enunciar, eso sí, no antes de dar los respectivos agradecimientos a todas las personas que han ayudado a confeccionar esta mierda de libro que tú, en tu sano juicio y en plena posesión de tus facultades mentales has decidido adquirir económicamente en algún portal o plataforma de la red de redes, (que no es una red gigantesca de un barco gigantesco, sino internet) a pesar de is continuas advertencias. Dicho esto, es hora, ahora sí, de empezar a dejar claro cuáles son las intenciones de este libro, llamémoslo así no por los tremendos e inauditos conocimientos que sacarás de él (alguno hay) sino por el simple hecho de que está hecho de papel y tiene páginas que se pueden pasar.

Ah, y además numeradas.

Las intenciones, como bien digo son las que siguen después de esta frase, ya que no te quiero engañar, pues este el montón de mierda más grande que te podrás encontrar al menos en lo que queda de día, siempre y cuando con abras internet y empieces a tontear por ahí.

A ser:

Una, escribir un libro.

Dos, vender mi libro.

Tres, advertirte antes del número dos de que no compres mi libro.

Cuatro, hacer algo productivo antes de levantarme de la cama.

Cinco, por el cu...

Seis,... No, nada más. Solo cinco.

Bueno, sí, seis, que entiendas que la vida merece

ser vivida más allá de las pantallas y las paridas incomibles de cualquier mondongo o mondonga que te encuentres por ahí.

Aquí no hay nada.

No, aquí tampoco.

NI EN ESTA

Tranquilo. Hay que empezar poco a poco, dándole rodaje al libro. No querrás empezar así de sopetón para que te dé un corte de digestión.

En ésta hay un punto.

¿Ves? Ya empieza a ponerse interesante.
Aunque tampoco es que tenga de momento muchas
ganas de escribir.

punto

Como este es un libro de youtubers, su-
pongo que deberías arrancar esta hoja y
tirarla a la basura o algo así con una risa
maléfica.

Aquí no he escrito nada.
Suponía que ibas a arrancar la
hoja y tirarla con una risa maléfica o algo así.

PÁGINA EN CONSTRUCCIÓN,

SIGA AVANZANDO.

NO SE DETENGA.

Sácate un moco. Pégalo en esta página,

ponle nombre bonito y escríbelo debajo.

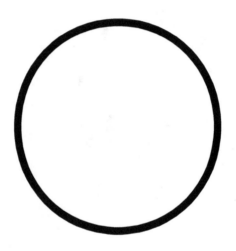

Hola, soy un moco. Me llamo................

En esta hoja no hay nada.

¿Para qué?

En cuanto la cierres, se manchará

de moco.

Mira que comprar este libro...

Que sepas que has contribuido a la deforestación del amazonas. Y todo para qué...

Escribe el nombre de tu jefe, arranca la página y límpiate el culo con ella. Pero solo una pasada. Este papel no se ha hecho para limpiar culos y aunque la sensación de tener el nombre de tu jefe en tu culo manchado de mierda sea excitante, no creo que sea tan agradable como el papel higiénico.

ODIO CUANDO SE ME METEN LAS BRAGAS EN EL CULO TIPO TANGA.

¿Que por qué me llamo Chiquitita_63?

Me gusta que me hagas esa pregunta.

Mientras pensaba qué nombre ponerme, escuchaba de lejos una canción de ABBA, «Chiquitita dime...». Se quedó «chiquitita». Lo del 63 viene por una película llamada Torremolinos 63 (creo que se llama así. No lo he buscado para asegurarme). Creo que la vi una vez, pero no sé si la vi entera. El caso es que me vino a la memoria y añadí el 63. Lo de la barra baja es porque queda muy «cool». Chiquitita_63.

Una vez vi un mono en un zoo que se estaba

metiendo el dedo en el culo.

No sé, parecía aburrido. Me refiero al mono,

no lo de meterse el dedo en el culo. A lo me-

jor tiene su gracia. Aún no lo he probado.

«La esperanza del dolor es el aliento de nuestras almas».

Me acabo de inventar la frase. Quería crear una frase filosófica y llena de sabiduría metafísica como esas tan profundas que aparecen a veces en los sobres de azúcar o en esas imágenes que nos mandan nuestros contactos. Mola leerlas, ¿verdad?

La mayoría de las veces no sabes qué significan. Sin embargo, aunque no sabes por qué, te sientes afortunada por leerlas.

¿Sabes ese chiste en el que te piden que les digas un número acabado en cinco y tu dices por ejemplo: veinticinco, y entonces te responden: Por el culo te la hinco. Pues al llegar a esta página he recordado que los puedes dejar con la boca abierta y la broma a la mitad. Cuando te pidan que les digas un número acabado en cinco, no tienes más que decir «quince», que es un número acabado en cinco pero no rima con «te la hinco». Los dejarás de piedra.

Estos símbolos no los uso casi nunca al escribir. Algunos de ellos, de hecho, los he usado ahora mismo por primera vez. Me hacía ilusión darles una oportunidad.

$ & * [ ] } > <

No os he olvidado, chicos. Símbolos al poder. Ahora que lo pienso, deberían hacer un día mundial de los símbolos olvidados. Ya sé que no serviría de nada, pero todos los días son el día mundial de algo y de igual manera nadie se entera.

Aquí tienes dos patitos dibujados, porque esta página es la 22. Y el número 22 son los patitos.

¿Sabías que cada numero tiene un nombre? Los vendedores de lotería se los saben todos. Yo solo me sé dos, los patitos (22) y la niña bonita (15).

2 2

¿Cuál es la última fotografía que has subido a la red? La mía soy yo delante de una verja con hiedra. No había filtros suficientes para mi cara, pero algo conseguí.

¿Y la tuya? Es igual, no me lo cuentes, ni lo escribas. No lo voy a leer.

Esto marcha. El libro empieza a coger forma. Pero todavía

puedo dar mucho más de mi. Sigue y lo comprobarás.

Esta página tiene un mensaje super importante pero lo he escrito con tinta invisible especial. Solo los listos pueden leerla.

¿Estás triste porque no has podido leer el mensaje de la página anterior?

No te preocupes. Era broma.

¿O no..?

Ve a la página 62 y observa la esquina superior izquierda.

Verás que curioso.

¡Oye! No te habrás enfadado por la bromita de antes, ¿verdad? Admite que ha tenido gracia. Si quieres puedes decirle a alguna amiga o algún amigo que se asome por la esquina al otro lado de la calle para que vea una cosa graciosísima. Cuando vaya, lo haga y vuelva con cara de «¡Quémestáscontando!» ríete y dile: ¿A que jode ir para nada?

Venga, un dato importante, para que luego no digas que con este libro no se aprende nada.

Nadie es capaz de chuparse su propio codo.

No me digas que acabas de intentar chuparte el codo.

Otro dato curioso. Y este sí que mola de verdad. Si te quieres comprar unos pantalones, no sabes si te quedarán bien de cintura y no te apetece meterte en el probador, ponte la cintura del pantalón alrededor del cuello. Si te está bien de cintura, verás que al ponértelo de collar en el cuello, te viene justito para cerrar el círculo. Eso es porque la circunferencia de tu cuello es igual a la longitud de tu cintura. Casi siempre.

Me gusta tirarme un pedo bien a gusto cuando no hay nadie.

Si suena fuerte, mejor.

Qué guarras, son las ranas. Todo el día eructando y nadie les dice nada. ¿Cuándo fue la última vez que eructaste? Tómate alguna bebida gaseosa y practica los eructos.

Prueba a decir el alfabeto.

Estoy escribiendo cada página con una fuente de letra diferente. Ya está bien de la hegemonía tiránica del Times News Roman y su amiga Arial.

¿Qué se habrán creído?

Aunque ahora que lo pienso, la mayoría se parecen bastante. ¿Por qué habrá tantas, si son prácticamente iguales?

Esta página está preparada para que escribas aquí la mejor de tus ideas par hacerte millonario o millonaria.

_____

_____

_____

_____

_____

_____

_____

_____

_____

_____

_____

_____

_____

_____

_____

_____

_____

No has escrito nada, ¿Verdad?

En la página de antes ., me refiero.

No sé por qué, pero lo sabía.

Mejor seguir pasando páginas en este libro que planificar un futuro lleno de riquezas ¿a que sí?

Pues claro, dónde va a parar.

¿Tienes alguna mesa en casa que cojee? Pues mira, como no sé qué poner en esta página, mejor la arrancas, la doblas y la pones debajo de la pata que cojea.

Si estás leyendo esto, es que, o bien no tienes mesas que cojean en tu casa (enhorabuena), o bien has preferido pasar de página y dejar que tu mesa cojeandera sea ella misma y no se deje amilanar por los estereotipos actuales de lo que debe ser una mesa perfecta (enhorabuena también. Pero la próxima vez que te apoyes en esa mesa y escuches un cloc, cloc, no te quejes.)

¿Te apetece hacer el imbécil? Entra en una habitación donde haya mucha gente (si ya estás dentro, no hace falta que entres porque ya estás dentro). Ponte de pie en medio de todos, extiende los brazos agitándolos como si fueras un fantasma o una bailarina borracha. Al mismo tiempo repite en voz alta con voz fantasmagórica: Esto es un sueeeño. Esto es un sueeeeño.

¿A ti también te pasa que a veces, cuando te hurgas la nariz, hay un moco perverso que nuca quiere salir?

A veces son demasiado pastosos y se escurren de tu dedo o de tu uña. Otras veces, son más resecos, pero por alguna extraña razón acaban situándose en un punto de difícil acceso en el interior de la nariz. Al final, no tienes más remedio que usar un pañuelo de papel o taparte el otro agujero y soplar con fuerza por la nariz para que el moco salga disparado. Si ya has batallado antes lo suficiente contra él, estará seguramente lo suficientemente suelto como para salir disparado cuando soples. De lo contrario, seguirá en el sitio y tendrás que volver a meter el dedo. Por otra parte, si ocurre esto, tampoco pasa nada. Normalmente esos mocos suelen aparecer en nuestras vidas cuando estamos sumidos en un mar de aburrimiento. Así que si no quiere salir, ya tienes cosas que hacer para pasar el rato.

Acecinar.

¡Qué palabra más curiosa! Sin embargo existe. Significa: salar las carnes. Ponerlas al humo y al aire».

Te digo esto para avisarte de que si alguna vez alguien te dice que acaba de acecinar, no llames enseguida a la policía.

¿Sabes qué puedes hacer? Puedes coger este libro, salir a la calle, lanzarlo con ganas hacia arriba y gritar para que todo el mundo el mundo te escuche: ¡Vuela, pajarito! ¡Vuela, vuela, vuelaaa!

Ojo: no me hago responsable de la reacción de los presentes.

¡Ufff! Esto de ser youtuber o influencer y escribir libros cuesta mucho. Aún me faltan páginas para terminar y ya estoy hecha polvo. Es como cuando tienes que estudiar y te sientas ante el libro y los apuntes. Has sacado los rotuladores, los has ordenado. Has puesto el móvil a un lado. Tienes un montón de folios de apuntes correctamente apilados y esperando tu atención. Estás en tu lugar favorito para estudiar. Todos están avisados de que nadie te puede molestar porque vas a estudiar. Y entonces miras lo que tienes delante, la pared que llevas viendo desde que vives en tu casa o la luz parpadeante de la biblioteca que siempre parpadea y te quedás ahí, atontada, mirando al infinito, ida, filosofando sin usar ni una sola neurona, en stand by, en pause, en modo avión, quizá incluso se te cae la baba pero no te importa.

Y eso es todo lo que haces la próxima media hora.

A mi me pasa.

Me sé un chiste. ¿Te lo cuento?

¿No?

Vale, te lo cuento.

¿Cuál es la conversación más corta que puede haber entre dos personas?

En un aseo público sin pestillo en la puerta. Si está ocupado y alguien quiere entrar, la persona que está dentro dice aguantando la puerta:

—¡Eh!

La otra responde soltando la puerta.

—¡Ah!

¿Te has dado cuenta de que los chistes malos son los mejores?

Con los buenos te ríes un buen rato, pero enseguida se te olvidan. A lo máximo que llegas es a decir a alguien que ayer te contaron un chiste buenísimo pero no lo recuerdas.

Sin embargo, los chistes malos no solo se te graban de por vida en el cerebro y eres capaz de usarlos una y otra vez sino que además son mejores que los buenos, porque aunque sean malos, te ríes igualmente mientras dices en voz alta para excusarte: ¡Por Dios, qué chiste más malo!

Oye, pues a lo tonto a lo tonto, ya llevo un montón de páginas escritas. Me está gustando esto de ser escritora. Ahora sí que empiezo a tener ganas de ser youtuber e influencer.

¿Has visto? Acabo de escribir "youtuber e influencer".

He escrito "e" en lugar de "y". Sí, ya sé que es lo que hay que hacer para evitar la cacofonía. Pero se me ocurre que tal vez haya una razón más oscura y aterradora. Quizá la letra "y" sea algo así como racista con las de su misma especie.

¿Deberíamos llevarla a rehabilitación o quizá a un curso de sensibilización?

No sé, no sé. Esta pregunta me robará el sueño esta noche.

Y hablando de youtuber. A lo mejor estabas pensando que en este libro encontrarías consejos para ser youtuber. No era esa mi intención, pero ya que estamos, aquí van los consejos.

- Primero, necesitas un gadget con cámara y acceso a internet. No hace falta que sea tuyo.

- Segundo, crea una cuenta en youtube.

Si en lugar de ser youtuber, quieres ser instagramer, es lo mismo, pero en Instagram.

- Tercero, grábate en un video contando cosas, ya sean interesantes o aburridas, da igual. Siempre hay alguien a quien le interesará. No olvides inventarte un saludo especial o una forma curiosa de decir hasta luego.

- Cuarto, sube el video a youtube.

- Quinto, este paso es un anexo del anterior. Antes de que acabe el video, debes recordar a tus followers que se subscriban a tu canal.

- Sexto, escribe un libro.

- Séptimo..., no. Ya está. Solo seis consejos. Los he escrito con letra grande, porque así ocupaban más. Qué lista soy.

¿Te has dado cuenta de que ya llevas 52 páginas leídas?

Yo estaba aburrida cuando escribí este libro, pero tú me ganas.

¿Estás en el sofá? ¿Ves alguna papelera o un vaso desde donde estás? Ve arrancando las páginas que ya has leído, hazlas una bola y ve encestándolas.

Veamos cuántos puntos consigues.

¿No hay papeleras? Si hay alguien cerca de ti y además está haciendo algo interesante, tírale las bolas de papel a la cabeza. A ver cuántas pelotas recibe antes de mandarte a hacer puñetas.

Si esa persona te cae mal, tírale el libro directamente a la cabeza. Puedes tirar el libro a la papelera también. Si encestas, déjalo ahí.

¿Has conocido alguna vez a alguien que sea capaz de tirarse un pedo y eructar al mismo tiempo? Yo tampoco. Soy demasiado vaga, pero veo en ti mucho potencial para practicar y lograrlo. Si lo consigues, a lo mejor se produce en tu cuerpo una descomprensión o un efecto físico nunca antes visto.

Si alguien te pregunta por qué te estás tirando pedos y eructando, échame la culpa. Di que el libro te lo manda, que es su voluntad. Cuando digas esto, levanta el libro sobre tu cabeza como si estuvieras adorándolo y habla con voz solemne. Pensarán que estás como una cabra, pero sera gracioso.

Aquí también paso de poner nada. Los youtubers so-
mos así. Rompemos las reglas establecidas.

En la página siguiente voy a poner solo una "M", en mayúscula además. Así pensarán que soy una influencer transgresora, innovadora y pro.

Porque yo lo valgo.

Te ha gustado la idea de antes, ¿a que sí? Venga, vale, te dejo la siguiente página en blanco para que hagas lo mismo. Pero no pongas una "M", si no dirán que es plagio. Aunque ahora que lo pienso, puedes poner una "M" si quieres. Si te dicen que me has plagiado, no te preocupes, dí que estás haciendo un homenaje a mi obra.

Fíjate, ya llevo 60 páginas. Soy la leche en vinagre, soy una crack, un bollito de crema con doble ración de azúcar. Esta mañana me había propuesto escribir un libro en un día y mira por donde, es casi la hora de comer y ya llevo cincuenta y tres páginas. Si me pilla por delante alguna asociación de escritores me dan tal paliza que me lo explican pero bien.

En fin, solo me falta alguna cosa más antes de caer dormida sobre la cama de nuevo y después, a por la portada.

Pondré mi nickname en grande con letras chulas.

La palabra Youtuber más grande, en amarillo quizá.

Quién sabe. Yo soy así de alocada.

Acabo de averiguar que "murciégalo" está bien dicho. Si eres de lo que siempre te has reído cuando alguien pronunciaba "Murciégalo" en vez de "murciélago", sorpresa, ambas formas están aceptadas por la Real Academia de la Lengua Española.

¡Qué cosas!

No me lo puedo creer. Lo has hecho. Has venido a posta a esta página para mirar la esquina superior derecha. ¿Y ahora qué? Si también te digo que robes un banco en pijama, ¿lo harás? ¿Y si tus amigos se tiran por un puente, tú también? Anda, vuelve atrás donde estabas y déjate de esquinitas.

¿Sabías que hay papel que se fabrica con excrementos de elefante? Huélete los dedos. Tranquila, este libro no está hecho con caca de animal, lo que no quita no deje de ser una mierda de libro.

Por cierto, si te has olido los dedos y no te ha gustado el olor, es que no te has lavado bien las manos. Deja el libro y vuelve al aseo.

Escribe en la página siguiente un mensaje para los extraterrestres que no estén observando desde arriba. Después, arranca la hoja, arrúgala hasta convertirla en una pelotita y lánzala con todas tus fuerzas hacia arriba.

Mejor, hazlo en la calle , en una plaza concurrida. Si alguien te pregunta, responde que quieres ponerla en órbita para que la encuentra alguna nave extraterrestre que pase cerca de la tierra a investigar. Di que es un encargo especial de la NASA.

Puedes empezar con "Queridos extraterrestres..."

La prueba del día:

Entra en una tienda de toallas o sábanas y pide una toalla o sabana grande. Cada vez que te saquen algún modelo, haz que lo abran y lo extiendan para que puedas verlo mejor. Duda unos segundos y di que tiene que ser más grande. Sigue haciéndolo, a ver hasta cuánto aguanta el dependiente en echarte de la tienda.

Después de lo que acabo de leer en la página 62, estoy consternada. Mi poder es más y más grande con cada página que pasas. Estoy pensando que tal vez youtube o instagram no sean suficientes. Debería ampliar mis miras expansivas. ¿Qué será lo siguiente? ¿Una cuenta en twitter? ¿Picgram, tik tok? ¿Teletexto (todavía existe)? Son tantas las posibilidades. Ya empiezo a salivar.

¿Has visto?

Esta es la página sesenta y nueve ;-)

¿Te ha venido a la mente algo sexual?

¡Ay, esa mente sucia!

Cada vez estoy más convencida de que puedo ser una gran youtuber o influencer. Si he conseguido que alguien prefiera perder el tiempo leyendo esta cantidad de chorradas en lugar de centrarse en lo bonito que su propia vida puede ofrecerle, significa que estoy preparada para ser influencer.

Voy a crear un mundo de monstruitos, un ejército de chiquititos que se pondrán lo que yo me ponga solo porque yo lo diga, que harán las chorradas que se me ocurran, que se pasarán el día frente a una pantalla viéndome hacer lo que me apetezca en lugar de hacer lo que a ellos les apetezca.

Quizá incluso crearé un libro más grande y con más letras que este para atraerlos a todos y atarlos en las tinieblas. Seré la reina Chiquitita_63 y Youtube, mi reino.

Qué suerte tienes. Estás asistiendo en directo al nacimiento de una nueva era con su reina.

Al principio seremos pocos, por lo que tendremos que movernos en la clandestinidad. Nuestro saludo secreto será una pedorreta con la lengua seguido de un doble guiño.

Más tarde, gobernaré desde un templo como el de Indiana Jones en el templo maldito (a lo mejor me compro ese mismo) con un volcán en el salón del trono para arrojar a los que me sean infieles, a los que quieran trollear mi cuenta de youtube y, por qué no, para tirar las sobras después de cada comida.

Una vez al año, le arrancaré el corazón a algún político o algún youtuber rival mientras mis fieles seguidores cantan a coro "Wi ar de champions" y se hacen selfies para subirlos en sus cuentas y divulgar la noticia. Ah, y los que me sigan, tendrán chuches gratis. Pero nunca antes de comer, esa será mi voluntad.

Escribe un mensaje en todas tus redes
sociales que diga "Larga vida a Chiqui-
tita_63. Ella nos dirá lo que hemos de
hacer".

Si alguien te pregunta quién es Chiqui-
tita_63, mándale el emoticono de ver-
güenza ajena.

¿Sabías que si haces un agujero en una hoja con una lápiz, el agujero también se puede ver desde el otro lado? Pruébalo. Es alucinante. No importa el tamaño del agujero. Funciona siempre.

¿Qué te dije?

¿A que es alucinante?

Menudo agujero.

ESTE ES UN MENSAJE AUTOMÁTICO. LA AUTORA DE ESTE LIBRO DE MIERDA SE HA IDO A MEAR. NO TE SEPARES DEL LIBRO, ENSEGUIDA REGRESA.

(O mejor, aprovecha ahora y cierra el libro. Es tu oportunidad para encontrar la libertad sin que ella se entere)

Veo que sigues aquí. Muy bien, muy bien. Has superado la prueba de lealtad de la página anterior. Solo por eso, te auguro unos cuantos "likes" en tus próximas aportaciones al mundo virtual. Tu comerás a mi diestra en el templo maldito de Indiana Jones. A lo mejor dejo que le arranques el corazón a algún político.

Gilipollez tras gilipollez,

el libro sigue avanzando.

¿Quién lo iba a decir en la página 1?

Me cago.

Sí, amigas. Las youtubers y las influencers también cagamos.

¿Tú también? Eso es por la empatia que crece entre nosotros.

Cuando yo cago, tu cagas.

¿Sabías que no se puede doblar una hoja de papel sobre sí misma ocho veces? ¿O era más de ocho veces? No me acuerdo. En cualquier caso, puedes comprobarlo. Tienes en tus manos un montón de hojas de papel para averiguarlo. Ésta, por ejemplo. Ánimo.

Aquí no hay nada. Se supone que has arrancado la hoja para doblarla.

Es la segunda vez que me llaman para comer. La comida está en la mesa. Intento pensar bajo presión algo más que añadir a este libro de mierda. Quizá un escupitajo,... mi firma para que la guardes siempre con cariño...

Pasa la página mientras tanto. Si se me ocurre algo más, te aviso.

Pues no. No se me ha ocurrido nada más. Así que, ala, ya está. Es la hora de comer y el libro está acabado.

Esta tarde, portada y sinopsis.

Mañana, EL MUNDO.

No, de verdad. Ya está. No hay más. Puedes cerrar si quieres, o volver al principio si lo deseas.

¿Qué? ¿No te ha gustado el libro? Te lo dije. Pero tú ni caso. Erre que erre. Haciendo caso omiso a la sinopsis, al título y seguramente a los comentarios de aquellas alocadas mentes que han comprado el libro antes que tú.

Sé que será difícil encontrar de nuevo un propósito para tu vida, pero así son las cosas. No te preocupes confío en ti. Sé que sabrás tirar p'alante. Yo, por mi parte, voy a hacerme youtuber, con lo que nos veremos pronto. Muy pronto...